Préface

Après le succès du 1er tome de Proverbes Africains, les lecteurs ont réclamé une suite des plus
beaux proverbes africains.

Ce recueil de proverbes a nécessité de recueillir
la parole des plus Anciens qui ont dû puiser dans
leur souvenir les sages paroles de leurs aïeux.

L'Afrique, souvent appelé, le plus vieux continent
regorge de milliers d'années d'histoire.

Toute cette histoire a forgé la sagesse des
Hommes qui s'est transmise de génération en
génération et qui perdure aujourd'hui.

Avec ces beaux paysages dans tout le continent
africain, cet ouvrage regroupe plus de 200
proverbes qui ont traversé toutes les époques.

Ce recueil de plus de 200 proverbes est une partie des proverbes qui existe sous forme d'application mobile pour iPhone et Android.

Ces applications sont gratuites, téléchargez les pour les conserver toujours sur vous :

Proverbes Africains par P. UNG

http://www.pung.fr/tel_provAfricains.htm

Grace aux haricots le caillou sera bien huilé

***

Si tu sors de la forêt en même temps que le buffle, sache monter à l'arbre

Dans la forêt, quand les branches se querellent, les racines s'embrassent

Une calebasse pleine de lait s'éloigne toujours de la bagarre entre gourdins

Un grain de maïs a toujours tort devant une poule

Une parole vient avec d'autres paroles

Si tu as de nombreuses richesses donne ton bien ; si tu possède peu, donne ton coeur.

Quelle que soit la maigreur de l'éléphant, ses couilles remplissent toujours la marmite

Celui qui n'a pas peur n'a pas de courage

◇◇◇◇◇◇◇◇◇◇◇◇◇◇◇◇◇◇◇◇◇◇◇◇◇◇◇◇◇◇◇◇

Si la porte est fermée, n'hésite pas à passer par les fenêtres

Le sel vient du nord, l'or vient du sud et l'argent du pays de l'homme blanc mais les trésors de sagesse ne peuvent se trouver qu'à

Si le babouin pouvait voir son derrière, lui aussi rirait

Qui mange des dattes avec les noyaux fait confiance à son anus

Qui est souvent à la cour du roi, finit toujours par trahir ses amis

Si tu vois un serpent sur une bicyclette, c'est qu'il a trouvé un moyen de pédaler.

C'est au bout de la vieille corde que l'on tisse la nouvelle

Un piège qui prend le rat, n'attrape pas l'éléphant.

Ce qui est écrit sur le front, la main ne peut l'effacer

Chaque rivière à sa propre source

Celui qui demande qu'on lui répète, n'est pas forcement sourd.

Vivre avec une femme, c'est comme vivre avec un sorcier

Le singe n'abandonne pas sa queue, qu'il tient soit de son père, soit de sa mère

L'erreur n'annule pas la valeur de l'effort accompli

Quand tu sauras le prix d'une esclave, tu ne penseras jamais à vendre ta mère

Ce n'est pas la main mais le coeur qui donne

Dieu a créé des pays pleins d'eau pour que les hommes y vivent et des déserts pour qu'ils y découvrent leur âme.

Demain n'est pas à nous

Quand tu manges un gâteau rond, commences-tu par le centre ?

Le serpent à beau courir, il ne va pas plus vite que sa tête.

Si tu ne sais pas où tu vas, alors retourne d'où tu viens

Le grain de maïs a toujours tort devant une poule.

En Afrique, chaque fois qu'un vieillard meurt, c'est une bibliothèque qui brûle.

Homme, bois de l'eau pour te rendre beau. Gave-toi de soleil pour te rendre fort. Et regarde le ciel pour devenir grand.

Si tu appelles ton fils commandant, il viendra plus tard te demander l'impôt.

Grandis avant de mordre

Le crocodile ne peut chasser 2 gazelles à la fois sur le territoire du babouin

L'homme généreux invente parfois des raisons de donner.

L'encre du savant est aussi précieuse que le sang du martyr

Les marques du fouet disparaissent, la trace des injures, jamais.

Un morceau de bois a beau séjourner dans l'eau, il ne deviendra jamais un caïman

Aller doucement n'empêche pas d'arriver.

Ne te lasse pas de crier ta joie d'être en vie et tu n'entendras plus d'autres cris

Quand on a mangé salé, on ne peut plus manger sans sel

La méchanceté est un lion qui commence par bondir d'abord sur son maître

La main de celui qui demande est toujours en dessous de celle de celui à qui il demande

A beau mentir celui qui vient de loin

Celui qui doit vivre survit même si tu l'écrases dans un mortier

La femme est la ceinture qui tient le pantalon de l'homme.

Lorsque la tête du serpent est coupée, le reste n'est qu'une corde

La pauvreté ne peut pas mettre fin à la vraie amitié.

Un seul âne a mangé de la farine et tous en ont le museau blanchi

Celui qui veut du miel doit avoir le courage d'affronter les abeilles

Si tu n'as pas étudié, voyage

L'étranger te permet d'être toi-même en faisant de toi, un étranger.

Partir le matin de bonne heure se décide le soir

La reconnaissance d'un âne est un coup de pied

Là où le coeur est, les pieds n'hésitent pas à y aller.

Le mariage n'est pas une course, on arrive toujours à temps.

On ne va jamais à la rencontre de ce qui est en route.

Ce n'est pas parce que le crocodile a soif qu'il sort de son lac pour boire l'eau de la rosée du matin qui tombe sur les feuilles

L'oiseau vole dans le ciel, mais n'oublie pas qu'un jour ses os tomberont parterre

Toi dans la forêt, moi dans la forêt et tu me demandes où est le soleil.

Les fesses ne sont jamais lourdes pour celui qui les porte, même fatigué il peut les amener a la maison

Ce sont ceux qui ont peu de larmes qui pleurent vite le défunt

Le chien perdu n'entend pas le sifflet de son maitre

Le chien a beau avoir quatre pattes, il ne peut emprunter deux chemins à la fois.

Que personne ne se hâte de voir le jour où tous ses parents et leurs familles feront un éloge

Alors que ta jambe brûle, tu te demandes d'où vient l'odeur

Celui qui doit vivre survit même si tu l'écrases dans un mortier.

Marche en avant de toi-même, comme le chameau qui guide la caravane

Un sac vide ne peut se tenir debout

L'étranger te permet d'être toi-même, en faisant, de toi, un étranger

Partir le matin de bonne heure se décide le soir.

Tout vieux héros finit par décortiquer l'arachide de sa femme

L'ouverture c'est comprendre la divergence des points de vue

La poule qui ne craint personne a la témérité dans ses ailes

On jette des pierres dans l'arbre s'il porte des fruits.

On n'oublie pas l'arbuste derrière lequel on s'est caché quand on a tiré sur un éléphant et qu'on l'a touché

La parole contrarie la colère

On ne prend pas un hippopotame avec un hameçon

Le mensonge donne des fleurs mais pas de fruits

Les gens n'aiment pas les gens mais ils aiment l'argent des gens

Quand l'éléphant trébuche, ce sont les fourmis qui en pâtissent

Le jour éloigné existe mais celui qui ne viendra pas n'existe pas

Quand les poules de la basse-cour deviennent trop nombreuses autour du mortier et harcèlent les pileuses, celles-ci

Si les pierres se querellent, ce n'est pas à l'oeuf de les séparer

Dans les yeux de chaque maman scarabée, son petit est une gazelle

Il ne faut pas parler du crocodile tant qu'on n'a pas fini de traverser la rivière.

Ce n'est pas parce que le mouton n'a pas de dent que tu mettras ta main dans sa bouche

La Terre n'a qu'un Soleil

Le mensonge donne des fleurs mais pas de fruits.

Quand un homme est lié avec une corde, tôt ou tard il la rompt

Si tu es riche et que tu n'es pas généreux, c'est comme si tu n'avais rien

Qui crache en l'air doit s'attendre à recevoir des crachats sur le visage

Un feu lointain ne réchauffe point.

Celui qui se lève tôt, ne voit pas le lézard se brosser les dents

Quant les chats se mettent à prédire, les souris se mettent à rire

L'homme seul ne pourra mettre le bateau à la mer

Celui qui a un maître n'est pas maître de ce qu'il porte sur le dos

Grand trône n'est pas grand roi

La panthère n'a pas peur des taches qui sont sur la peau de sa mère.

La petite fourmi noire peut entrer chez l'homme, mais cet homme ne peut entrer chez elle

Quand on se couche à deux, on se réveille à trois

La femme se débat comme la mouche dans le petit-lait, personne ne la voit

Un lion ne prête pas ses dents à un autre lion.

Celui qui n'a jamais lutté est fort à la lutte

La langue qui fourche fait plus de mal que le pied qui trébuche

Le poulailler reste un palais doré pour le coq, malgré la puanteur des lieux.

Celui qui danse jusqu'à sortir du cercle, personne ne le regarde plus.

Les nuages sont le présage de la pluie

Si tu es un cheval, il ne faut pas qu'on t'appelle un âne !

La nuit dure longtemps mais le jour finit par arriver

Avant de médire, tourne-toi pour regarder derrière toi

Celui qui t'empêche de te battre, donne-lui une récompense.

Connaisseur connait, gaou(ignorant) passe.

Une pirogue n'est jamais trop grande pour chavirer

On honore le chasseur, pas la flèche

Mon Dieu, mon Dieu sur la langue et un poignard dans son sein

Si tu dis couic-couic quand tu marches, les gens pensent que t'as des chaussures neuves.

Ce que le vieux voit couché, le jeune, même debout, ne peut l'apercevoir.

Grand trône n'est pas grand roi.

On a beau dissimuler ses excréments au fond de l'eau, ils remontent toujours a la surface.

Aussi haut que vole un oiseau, il finit par se poser

Un seul morceau de bois donne de la fumée mais pas de feu

On apprend l'utilité des fesses que lorsque vient le moment de s'asseoir

---

L'espoir est le pilier du monde

Là où on s'aime, il ne fait jamais nuit

Deux choses ne s'apprécient bien que quand on ne les a plus : la santé et la jeunesse.

L'œil ne porte aucune charge, mais il sait ce que la tête est capable de porter.

Le temps qui nous reste à vivre est plus important que toutes les années passées.

La belle femme est celle qui a un enfant sur le dos

Le chagrin est comme un nuage, quand il est assez lourd, il tombe

Le ciel n'a pas deux soleils, le peuple n'a pas deux souverains

---

La vérité existe au-delà des montagnes, pour la connaître il faut voyager

Quand le coeur est plein, la bouche ne raconte que ça

Tant qu'on n'espère pas, on ne s'impatiente pas

Qui a des oeufs dans son panier doit éviter de courir

L'homme est plein de sang rouge et sa salive est blanche

De la main de l'ami, la pierre est une pomme

C'est celui qui n'a jamais exercé qui trouve que le pouvoir n'est pas plaisant.

Tout a une fin, sauf la banane qui en a deux.

Bouche de miel, coeur de fiel

Assis ou debout, le crapaud est toujours le même

C'est pas le jour de la chasse qu'on élève le chien

Le bruit du fleuve n'empêche pas le poisson de dormir

La gourmandise provoque l'oubli

En quelque pays que tu entres, conforme-toi à ses moeurs

Qui n'est pas utile à soi-même ne peut être utile à ses amis et ses proches

La seule chose qu'on est sûr de ne pas réussir est celle qu'on ne tente pas.

Les bonheurs n'ont pas de campements rapprochés

Il est dur d'être pauvre, il est encore plus dur d'être seul.

Le bélier qui va foncer commence par reculer

Assieds toi au pied d'un arbre et avec le temps tu verras l'Univers défiler devant toi

Quand on coupe les oreilles, le cou s'inquiète

Ce sont ceux qui ont peu de larmes qui pleurent vite le défunt.

<hr>

Si le babouin pouvait voir son derrière, lui aussi rirait.

Quand on a un marteau dans la tête, on voit tous les problèmes sous la forme d'un clou.

Même s'il n'y a pas de coq pour chanter à l'aube, le jour se lèvera.

Qui va travailler pour le chien, devra accepter le plat d'excréments qui lui sera servi

Qui est né dans la brousse, ne connaît pas la frousse.

La banane qui doit mûrir finira bien par mûrir

La seule femme qui sait où se trouve son mari chaque soir est une veuve.

La plume de l'oiseau s'envole en l'air mais elle termine à terre

---

On n'est pas orphelin d'avoir perdu père et mère, mais d'avoir perdu l'espoir

Qui veut passer inaperçu ne doit pas éternuer.

Qui dort affamé se lève le matin le coeur plein de haine

Le lieu où on attend la mort n'a pas besoin d'être vaste

J'ai un chameau en Mauritanie, c'est facile à dire.

On ne peut pas rattraper le temps mais on peut arrêter de perdre son temps.

Si tu rencontres deux êtres qui vivent en harmonie, sois sûr que l'un d'eux est bon

Fais ce que ton voisin fait, ou déplace l'entrée de ta maison

Celui qui a honte de son origine est un corps sans esprit

Si le crocodile achète un pantalon, c'est qu'il a trouvé où mettre sa queue

Un chien qui bouge vaut mieux qu'un lion immobile.

Vouloir arriver, c'est avoir fait la moitié du chemin.

_Les dents ont beau rire, le coeur sait la blessure qu'il porte

Quand on n'a rien à dire il vaut mieux se taire

Même s'il n'y a pas de coq pour chanter à l'aube, le jour se lèvera

Mieux vaut marcher sans savoir où aller que rester assis sans rien faire

<hr>

Le ventre affamé n'a pas d'oreilles

Quand la souris nargue le chat, c'est que son trou n'est pas loin

La falaise s'écroule et l'ombre est ensevelie

Parfois il faut faire semblant d'être malade pour rencontrer tes amis.

L'oeil du curieux est creux

Les poules ne frayent pas avec les cafards

On ne marche pas deux fois sur les testicules d'un aveugle

Impossible d'effacer les taches du léopard

L'arbre tombe toujours du coté ou il penche

La tique bavarde sèche avec la peau

Si la petite souris abandonne le sentier de ses pères, les pointes de chiendent lui crèvent les yeux

Une visite fait toujours plaisir. Si ce n'est à l'arrivée, c'est au départ !

Même la poule noire pond des oeufs blancs

Si ton lit bouge et fait une bosse, c'est qu'il y a un singe dedans

<hr>

Il n'y a pas de plus grand bonheur que la venue d'un hôte dans la paix et l'amitié

Le soleil n'oublie pas un visage parce qu'il est petit

La violence du vent n'enlève pas les tâches du léopard

Un homme qui se noie s'agrippe à l'eau

Avant la tombée de la nuit, le chien ne manque pas de foyer

Il faut avoir connu la peur
pour devenir courageux.

Même le poisson qui vit
dans l'eau a toujours soif.

L'ombre du zèbre, n'a pas de rayures

L'amitié est la plus étroite des parentés

Lentement se courbe la banane

Toi dans la forêt, moi dans la forêt et tu me demandes où est le soleil

Si le crocodile veut se coudre un pantalon c'est parce qu'il sait où mettre sa queue

Les cruches qui étaient pleines, on s'en sert pour puiser

Proverbes Africains par P. UNG

http://www.pung.fr/tel_provAfricains.htm

www.ingramcontent.com/pod-product-compliance
Lightning Source LLC
Chambersburg PA
CBHW050034260726
48658CB00005B/1596